SAMUEL

Juez y profeta

Por Anne de Graaf

Ilustrado por José Pérez Montero

Samuel

Juez y profeta

Escrito por Anne de Graaf

Ilustrado por José Pérez Montero

Diseño gráfico por Nils V. Glistrup

Drejervej 15, 3er piso, DK 2400 Copenhague NV, Dinamarca

E-Mail: info@sph.as Web: www.sph.as

Concebido, diseñado y producido por Scandinavia Publishing House

Impreso en China

ISBN 9788771326253

SAMUEL

Juez y profeta

Por Anne de Graaf

Ilustrado por José Pérez Montero

Dios piensa que los niños son muy especiales. En Su corazón tiene un lugar especial para los niños, y no le importa de dónde vienen. ¿Por qué es esto? Por la forma en que ríen. Porque creen cuando los adultos a veces dudan. Porque los niños confían en lo que oyen.

Samuel era un pequeño niño que confiaba en lo que oía. Cuando Dios habló con Samuel, él creyó. Samuel era muy especial porque, cuando creció, siguió oyendo a Dios.

La historia de Samuel empieza antes de su nacimiento. Comienza con sus padres, Ana y Elcana. Ellos tenían muchos deseos de tener un bebé. Pero, pasaron los años, y el bebé no llegó. Así que Elcana tomó una segunda esposa. Se llamaba Peniná. Peniná pudo tener muchos hijos.

Por esta razón, Peniná era muy mala con Ana. "¡Eres una esposa inútil! No puedes dar a Elcana ni siquiera un bebé!"

Ana trataba de no escuchar. Sabía que Elcana la amaba a ella más que a Peniná. El amor de Elcana compensaba la crueldad de Peniná.

Todos los años, él llevaba a su familia a Silo. Ahí, oraban a Dios. Le daban gracias por todas las cosas buenas que Él les había dado.

Durante la fiesta en Silo, Elcana sirvió a Ana el doble de carne que a Peniná. Peniná lo miró mientras lo hacía. Peor que ver la carne, pudo ver en su rostro el amor con que él la miraba. "Él nunca me mira en esa forma," pensó llena de celos.

Peniná esperó hasta que estuvo a solas con Ana. Y descargó en ella toda su ira.

"¿Quién te crees que eres? ¡No eres tan especial! ¡Sólo mírate! ¡Te estás haciendo vieja, Ana!"

Ana sabía lo que seguiría. Se cubrió los oídos, pero no pudo dejar de oir los gritos de Peniná.

"¡Mira a todos mis hijos! ¡Tú no tienes ninguno! ¿Qué harás cuando seas realmente vieja? ¡No tendrás ningún hijo que cuide de ti! ¿Ana, estás oyendo? ¡Ja, ja!" Peniná se reía de Ana.

Pobre Ana. Sintió que se le rompía el corazón. Salió corriendo y se puso a llorar. Cuando Elcana volvió y la encontró, adivinó lo que había pasado.

"No escuches a Peniná," le dijo. "Los bebés no son tan importantes. Mira cómo te amo, Ana. ¿Es eso mejor que diez hijos?"

¿Cómo podría ella explicarle lo que sentía? Pensó, "Los bebés son importantes, que yo quiera uno no hace que a él lo ame menos. ¡Ni siquiera Elcana sabe cómo me siento!"

Ana rompió a llorar y se alejó de Elcana. Corrió hasta la tienda donde iban para orar. En el interior estaban las tablas de piedra con los Diez Mandamientos de Dios escritos en ellas.

Un viejo sacerdote llamado Helí estaba encargado de este lugar de oración en Silo. Cuando vio a Ana entrar corriendo y caer al suelo, no supo qué pensar.

Helí miró a Ana con atención. Sus labios se movían.

"O Señor," susurraba. "Sabes cuánto deseo tener un bebé. ¡Por favor, Señor, por favor ayúdame!" Las lágrimas de Ana cayeron al piso.

"Por favor, Dios, si me dieras un hijo, yo te lo devolvería. Lo prometo. Lo traería de vuelta a Silo y dejaría que lo criara el sacerdote. ¡El niño sería Tuyo, por favor, Señor!"

Helí había visto suficiente. Los ojos de la mujer estaban rojos. Ella seguía murmurando para sí misma. "Debe estar ebria," pensó él. Helí había visto a muchas personas venir a Silo y no hacer otra cosa que comer y beber. Era frecuente que se tambalearan hasta la tienda donde Helí guardaba los Diez Mandamientos. Su trabajo era pedirles que se fueran. "Sólo puede estar aquí la gente que viene a orar, no ebrios como esta mujer," suspiró Helí.

Señaló con un dedo a Ana. "¡Oye, tú!" dijo. "No quiero borrachos aquí. ¡Lárgate!"

Ana lo miró con sorpresa. "Oh, señor, no estoy ebria. Tengo el corazón destrozado. He venido con mis problemas ante Dios."

Helí la miró más de cerca. Podía darse cuenta de que estaba muy perturbada. "Vete en paz," le dijo. "Que el Señor te bendiga y te dé lo que has pedido."

Ana le dio las gracias a Helí por su bendición. Mientras se alejaba, sintió que se había quitado el peso de la preocupación y la vergüenza. No sabía cómo, pero sabía que todo iba a salir bien.

Después de esto, cada vez que Peniná se metía con ella, Ana podía ignorarla. La razón era que Ana sabía que Dios había escuchado sus plegarias.

¡No pasó mucho tiempo para que Ana descubriera que finalmente iba a tener un bebé! Oh, ese fue un día muy feliz para ella y Elcana. Oraron por su bebé durante todos los meses que creció en el vientre de Ana.

Finalmente llegó el día en que Ana dio a luz un saludable varón. "Samuel," dijo ella a Elcana. "Quiero que este bebé se llame Samuel, porque significa 'Dios escucha.' ¡Dios oyó mis plegarias y mira cuánto nos ha bendecido!"

Samuel fue un niño especial desde el momento en que nació. Él fue la respuesta a sus oraciones. Ana vertió todo su amor en Samuel. Le cantó y lo abrazó.

A veces Peniná se burlaba de ella, "¡Tengo muchos hijos y tú sólo tienes uno!"

Pero Ana respondía, "Mi hijo Samuel vale más que todos tus hijos puestos juntos." Así de buen niño era Samuel. Podía hacer a sus padres reír y sonreír.

A medida que aprendía a hablar y caminar, Ana le enseñó algunos juegos. Bailaba con su pequeño hasta que los dos caían al suelo, riendo y felices.

"Oh, Samuel, te amo tanto," le dijo Ana. "Pero Dios te ama aún más." Samuel abrazó a su madre.

La madre de Samuel no olvidó la promesa hecha a Dios. Había confiado en que Él escucharía sus plegarias. Le había prometido entregarle a su hijo. Confiaría en que Dios se haría cargo de él.

Muchas veces le dijo a Samuel, “La lección más importante que puedes aprender es que debes confiar en Dios y creer en Él.”

Cuando el niño tenía edad suficiente para caminar y hablar y comer sin ayuda, sus padres lo llevaron a Silo. Samuel sabía que esto significaba que ya era un niño grande. Sólo los niños grandes iban a Silo a orar.

Su madre le habló sobre un anciano que vivía ahí. “Su nombre es Helí. Helí es un sacerdote. Él se va a encargar de ti. Yo vendré a visitarte todos los años.”

Samuel caminó hacia la tienda con su madre. Dio un tirón a la mano de Ana.

“¿Cuánto tiempo es un año?”

Pero antes de que ella pudiera responder, entraron en la tienda. Samuel oyó que su madre hablaba con un anciano, “Helí, ¿me recuerda? Usted bendijo mis plegarias cuando le pedí a Dios un hijo. Prometí entregar ese hijo a Dios. Ahora tiene suficiente edad para que usted lo cuide y le enseñe todo sobre Dios.”

Helí se agachó y le tendió los brazos a Samuel. “Bienvenido, pequeño amigo,” dijo.

Samuel pensó en lo que sus padres le habían dicho respecto a que Dios lo cuidaría sin importar dónde estuviera. Dejó que Helí lo abrazara. Cuando se volvió, su madre se había ido. “No tengo miedo” se dijo. Samuel confiaba en sus padres y confiaba en el Señor.

En los años siguientes, Samuel vio a su madre una vez al año. Cada vez que lo visitaba, le llevaba una túnica nueva.

Mientras, Helí enseñó a Samuel los Diez Mandamientos, que eran las leyes de Dios para Su pueblo. También le enseñó a orar.

"Orar es hablar con Dios," dijo Helí.

"Si yo le hablo a Dios, ¿Él me hablará en respuesta?" preguntó Samuel.

"Sí. Tu corazón lo escuchará. Pero sólo si prestas atención. Hace mucho tiempo, cuando Dios le hablaba a Su pueblo, ellos lo escuchaban con sus oídos."

"¿Ya no habla así con Su pueblo?" preguntó Samuel.

"Probablemente lo hace. Pero ellos no lo escuchan, porque no prestan atención." Mucha gente le había vuelto la espalda a Dios. Adoraban ídolos en lugar de adorar al Señor Dios.

Samuel sabía a qué se refería Helí cuando decía que Dios le hablaba al corazón. Conocía esa sensación de que alguien cuidaba de él cuando se iba a dormir por las noches. "Me pregunto," pensó, "si yo escucho a Dios, ¿podría oírle?"

Una noche Samuel despertó repentinamente. Alguien le llamaba. "Samuel."

"Aquí estoy," dijo Samuel. Corrió a donde estaba Helí. "Sí, Helí. ¿Necesita algo de mí?"

Helí se sentó en la cama. Parecía confundido. "No, hijo mío. No te llamé. Vuelve a dormir."

Esto sucedió dos veces más. Hasta que, finalmente, Helí entendió que Samuel debía estar oyendo la voz de Dios. "Samuel, yo no te estoy llamando. ¡Es el Señor quien te llama! La próxima vez responde diciendo, "Sí, Señor, estoy escuchando."

Eso hizo Samuel. Cuando Dios volvió a hablarle, Samuel respondió que estaba escuchando. Entonces Dios le dijo lo que iba a pasar. Samuel escuchó y confió en Dios.

A la siguiente mañana, Helí le dijo a Samuel, “Dime, Samuel. ¿Qué dijo el Señor?”

Samuel tragó saliva con fuerza. Sabía que a Helí no le iba a gustar saber lo que sucedería. También sabía que Helí le había enseñado a decir siempre la verdad. El pequeño suspiró.

“Dios me dijo que tus hijos han estado haciendo cosas malas. Como no los corregiste, Dios va a castigar a tu familia.”

Helí asintió con la cabeza. “Él es el Señor. Él sabe lo que es correcto.”

Esta fue la primera de muchas veces en que el Señor le habló a Samuel. Dios hablaba a través de Samuel. Le decía al niño lo que quería que Su pueblo oyera. “No adoren a dioses falsos,” les dijo Samuel. “¡Amen al único Dios!”

Samuel aprendió a amar al Señor con mucha fuerza. Hablaba con Dios. Dios le hablaba a Samuel. Samuel escuchaba. Pero, con frecuencia, cuando Samuel decía a la gente lo que Dios había dicho, ellos no querían escuchar.

Poco después, una terrible guerra se desató entre los israelitas y sus enemigos, los filisteos. Los israelitas llevaron consigo a la batalla la caja que contenía los Diez Mandamientos. ¡Pero los filisteos ganaron la batalla y capturaron los Diez Mandamientos!

Esto fue una mala noticia para todos, pero especialmente para Helí. Acababa de enterarse de que sus dos hijos habían muerto en la batalla. Cuando supo la noticia de los Diez Mandamientos, fue demasiado para él. Cayó de espaldas, golpeó su cabeza en una roca, y murió.

Ahora Samuel sería el líder sagrado, el juez, sobre el pueblo de Dios.

Con el paso de los años Samuel siguió oyendo hablar a Dios. Escuchó lo que decía y se hizo más sabio. Samuel juzgaba a la gente en forma justa. Con frecuencia Dios decía a Samuel cosas que iban a pasar. Esto significaba que Samuel podía hablarle a la gente como el profeta de Dios, y también como su juez.

Pasaron muchos años. Un día, Samuel llamó al pueblo a reunirse. "Si quieren seguir al Señor, tienen que cambiar. Deben orar. Decir que se arrepienten por las veces que no han escuchado. Decir que se arrepienten por adorar a otros dioses. Agradecer a Dios por todas las cosas buenas que les ha dado. Hablar con Dios y dejar que Él le hable a sus corazones."

La gente oró. Mientras lo hacían, los filisteos se enteraron de que todos los israelitas estaban en un solo lugar. "¡Ahora es tiempo de atacar!" se dijeron unos a otros. "¡Los israelitas no podrán defenderse mientras están en oración!"

Los filisteos estaban muy equivocados. Fue por la oración que Dios salvaría a los israelitas.

"¡Samuel! ¿Qué vamos a hacer?" gritó la gente de Dios. "¡Ora a Dios por nosotros! Los filisteos ya casi están aquí. ¡Nos matarán a todos!"

Samuel oró por la gente. Dios respondió a sus plegarias. Cuando los filisteos atacaron, Dios llenó de truenos el cielo.

Los truenos resonaron en las cabezas de los filisteos. ¡Rugían por el cielo! ¡Los filisteos gritaron! Y huyeron aterrados. Los israelitas los persiguieron y ganaron una gran batalla ese día, gracias a Dios y a las oraciones de Samuel.

Samuel tenía una familia. Él y su esposa tenían dos hijos. Cuando estos hijos crecieron, Samuel trató de enseñarles acerca de Dios. Pero ellos no querían escuchar. Aún así, Samuel los dejó ayudarle a juzgar al pueblo.

Cuando Samuel juzgaba, siempre pedía la ayuda de Dios. Pero cuando sus hijos juzgaban los problemas de la gente, pedían dinero. Y siempre decían lo que la gente rica quería oír.

No engañaban a nadie. El pueblo no confiaba en los hijos de Samuel. "¿Cómo puedes dejar que esos tramposos nos juzguen?" se quejaron ante Samuel. "Cuando no estés más, no habrá nadie que nos guíe bien."

"¿Qué quieren que haga?" preguntó Samuel.

La multitud subió por las escaleras. "¡Queremos un rey! ¡Queremos que elijas un rey para nosotros!"

"¡Sí! ¡Un rey! ¡Queremos un rey!"

"Pero Dios es su Rey," dijo Samuel.

La gente no escuchó. "Todos los países que nos rodean tienen reyes. ¡Si no podemos confiar en que tus hijos nos juzgarán con justicia, entonces queremos un rey!"

Samuel suspiró. "Hablaré de esto con Dios. ¿Escucharán lo que Él diga?" preguntó.

"¡Siempre y cuando Dios diga que podemos tener un rey!" La gente era muy testaruda.

Samuel le preguntó a Dios, "Señor, ¿qué deseas Tú?"

Dios dijo, "Hiciste bien en decir a la gente que Yo debo ser su Rey. Pero como piensan que sólo pueden seguir Mis leyes si tienen un rey, dales su rey. Pero, haz que sepan, que les va a costar."

Samuel dijo a la gente lo que Dios había dicho. "¿En verdad están seguros de que quieren un rey? Sus niños se convertirán en su servidumbre. Sus hijos tendrán que pelear en su ejército. Ustedes tendrán que entregarle una parte de sus cosechas. ¡Dios no les ayudará cuando se quejen de su rey!"

La gente no escuchó. "¡Queremos un rey, queremos un rey!"

Así, Samuel los envió a sus casas. Y empezó a esperar a que Dios le indicara quién debía ser el primer rey de Israel.

No había pasado mucho tiempo cuando Dios le dijo a Samuel, "Mañana un extraño te preguntará por unos burros perdidos. Él es quien se convertirá en rey. Úngelo en aceite y bendícelo."

Samuel esperó todo el día. Al anochecer vio un hombre alto y apuesto que caminaba hacia las puertas de la ciudad. El nombre de este hombre era Saúl. Saúl preguntó, "¿Usted sabe dónde está el santo Samuel? Estoy tratando de hallar los burros perdidos de mi padre. Esperaba que él pudiera ayudarme."

Samuel sonrió. "Yo soy Samuel. Tus burros ya han sido encontrados. Voy camino a un festín en la cima de esta colina. Allá, la gente está alabando a Dios," dijo Samuel señalando hacia la colina. "Ven conmigo y podrás sentarte en la cabecera de la mesa." Saúl no sabía por qué razón Samuel le brindaría tal honor. Pero aceptó y lo siguió cuesta arriba.

Cuando Saúl se fue al día siguiente, Samuel lo acompañó hasta los linderos de la ciudad. Ahí detuvo al hombrón. “Saúl, Dios tiene un mensaje para ti.” Los ojos de Saúl se abrieron muy grandes.

Samuel dijo, “El Señor te ha elegido para que seas el primer rey de Israel.”

Saúl jadeó. “¿Yo? Pero yo vengo de la familia más pequeña de la tribu más insignificante. ¡No soy alguien importante!”

“Ahora lo eres,” dijo Samuel. “Ahora inclina la cabeza y yo te bendeciré en el nombre de Dios.”

Saúl inclinó la cabeza. Samuel vertió aceite sobre él. Este era el signo de que Dios había elegido a Saúl y le ayudaría a ser un buen rey.

“Ahora vuelve con tu padre para que no se preocupe,” dijo Samuel. Le dijo dónde podría encontrar los burros del padre.

También le dijo que debía esperar hasta que fuera llamado a convertirse en rey.

Saúl oyó a Samuel, pero en realidad no entendió. Poco tiempo después, Samuel llamó al pueblo a reunirse. “Dios les va a mostrar quién es su rey,” dijo. Entonces, de entre todas las tribus, Dios eligió la tribu de Saúl. De entre todas las familias, Dios eligió la familia de Saúl. De entre todos los hombres, Dios eligió a Saúl.

“¿Saúl? ¿Quién es Saúl?” gritó la gente. “¿Dónde está el tal Saúl?”

Samuel le preguntó a Dios. El Señor le dijo que Saúl estaba oculto entre todas las cestas.

La gente corrió y lo encontró. Lo llevaron ante Samuel. “¡He ahí su rey!” Señaló Samuel.

“Oh, es alto y bien parecido. Sí, ¡será un buen rey! ¡Viva Saúl, viva Saúl!”

Al principio, Saúl fue un buen rey. Escuchaba cuando Samuel le hacía saber lo que Dios decía. Pero entonces, en forma lenta pero segura, Saúl empezó a hacer lo que él quería, y no lo que Dios quería.

Se volvió soberbio. "Soy un gran rey," pensaba con frecuencia. "Díganme que soy un gran rey," ordenaba a sus criados.

"Eres un gran rey," le decían. Pero Samuel le advirtió que debía tener cuidado.

"¡No debes sentirte tan orgulloso de ti mismo." Saúl ignoró los consejos de Samuel.

Durante todo este tiempo, los israelitas habían seguido en guerra con sus enemigos. En una de estas batallas, Saúl hizo algo muy malo. Trató de ser un rey sin Dios. Hizo sólo lo que él quería en lugar de lo que Dios le había dicho que debía hacer.

Samuel le había dicho, "Dios quiere que mates a cada uno de estos enemigos. Destruye todos sus animales y sus teso-

ros." Saúl había recibido sus órdenes de Dios. Pero, ¿hizo caso? No. En lugar de eso, cuando vio lo rica que era esta tribu enemiga, robó sus animales y los tesoros para su ejército. Y decidió no matar a su rey.

Dios estaba triste porque otra vez Saúl no había escuchado. Lamentaba haberlo convertido en rey. Envió a Samuel a advertirle que había hecho algo muy malo al no obedecer lo que Dios le había ordenado.

Ni siquiera entonces Saúl escuchó. En vez de eso, inventó excusas. "Pensamos que podíamos usar los animales como sacrificios para Dios. Pero en realidad no es culpa mía. Mi ejército lo hizo. No yo."

Samuel sabía que Saúl estaba mintiendo. "El Señor dice que preferiría que hubieses obedecido en lugar de ofrecerle animales en sacrificio. Como te has vuelto tan soberbio, Él no quiere que sigas siendo el rey." Saúl supo que había cometido un error terrible.

Dios encomendó a Samuel hallar al hombre que sería rey después de Saúl. Samuel viajó a Belén. Ahí visitó a un hombre llamado Isaí. Cuando Samuel conoció a los hijos de Isaí, preguntó a Dios cuál de ellos sería el nuevo rey. "El mayor es muy apuesto, Señor," dijo Samuel.

"No miro la belleza exterior de una persona," dijo Dios. "Me fijo en el corazón."

Samuel preguntó si no había más hijos. Isaí mandó llamar al menor de sus hijos. Estaba cuidando las ovejas. "Este es David," dijo Isaí.

Dios dijo a Samuel, "Este es el elegido." Samuel vertió aceite sobre la cabeza de David. Este era el signo de que Dios lo había bendecido en una forma muy especial y que algún día se convertiría en rey.

En ese tiempo, David era tan sólo un niño que amaba a Dios con todo su corazón. En muchas formas, era igual que Samuel cuando era niño. Los dos sabían orar a Dios y escuchar las respuestas en su corazón.

En los años siguientes, Samuel reconoció la sabia elección que Dios había hecho. David demostró cuánto confiaba en Dios cuando peleó con el gigante Goliat. David era tan valiente que Saúl lo convirtió en capitán de su ejército.

Una vez que Saúl y David regresaban de una batalla cabalgando juntos. Mujeres bailaron a su alrededor y cantaron, "¡Saúl ha matado a miles, pero David ha matado decenas de miles!"

Esto enojó mucho a Saúl. Aún era el rey, pero desde que Samuel le había dicho que Dios iba a elegir otro rey, se había sentido celoso y preocupado. Samuel le había advertido, pero Saúl no escuchó. Ahora era demasiado tarde.

La furia de Saúl lo convirtió en un hombre muy malo. Pasaba el tiempo y no podía dejar de pensar en los celos que sentía de David. Nada que Samuel hiciera lo hacía cambiar de opinión.

Finalmente, aunque David era su mejor guerrero, Saúl trató de matarlo. David huyó y se acercó a Samuel.

"El rey piensa que quiero tomar su lugar. "Se equivoca," dijo David. "Escucharé a Saúl mientras Dios quiera que lo haga. ¡Yo estaba en el salón del trono cuando de pronto él sacó su lanza y la arrojó hacia mí! ¿Por qué, Samuel? ¿Por qué el rey me odia tanto?"

Para entonces, Samuel era un hombre muy, muy anciano. Suspiró. "David, tú escuchas al Señor en tu corazón. Es por eso que Dios te eligió. Algún día Él te hará rey. Saúl sabe que eres especial y quiere eso para él mismo."

Samuel tomó las jóvenes manos de David entre sus ancianas manos. "David, debes escapar de Saúl y mantenerte a salvo. Pero nunca olvides preguntar a Dios lo que tienes que hacer. Escucha sus respuestas y seguirás siendo tan especial para Él como lo fuiste cuando eras un niño."

David se ocultó de Saúl durante muchos años. En todo ese tiempo, Samuel envejeció tanto que finalmente murió. Cuando Samuel murió, se fue al cielo.

Samuel fue el último juez de Israel. Y fue el primer profeta de Israel. Toda su vida oró por el pueblo de Dios. Mientras Saúl persiguió a David, Samuel oró por él. Dios escuchó sus plegarias. Al morir Samuel, Saúl fue muerto en combate y David se convirtió en el rey más grande que haya tenido Israel.

Todo lo que Samuel dijo que sucedería, sucedió... porque confió en lo que Dios le dijo.

Podrás encontrar la historia de Samuel en el Antiguo Testamento, en el primer libro de Samuel, capítulos 1-25.